AF585894

Lettre

SUR LA

RÉUNION A LYON

DES

COMMUNES SURURBAINES.

LYON. — 1833.

Imprimerie de G. Rossary, rue St-Dominique, n.° 1.

LETTRE

SUR LA

RÉUNION A LYON

DES COMMUNES SURURBAINES.

Lyon, le 16 Septembre 1833.

Monsieur le Rédacteur,

Le conseil-général du département, qui vient à peine de clore sa session de 1833, ne se réunira pas avant le mois d'août de l'année prochaine. La question de la réunion des communes de la Guillotière, de la Croix-Rousse et de Vaise à la ville de Lyon devra lui être soumise, il est donc certain qu'elle ne sera pas résolue avant le délai d'un an, et même très-probable qu'elle ne le sera que plus tard encore, rien ne pouvant obliger M. le ministre de l'intérieur à prendre une détermination immédiatement après le vote du conseil-général. Ce renvoi a été dicté par un esprit de ménagement et de conciliation qu'on ne saurait trop louer. De ménagement, car la précipitation à prendre une mesure dont l'urgence pourrait encore être contestée, l'utilité ne le fût-elle pas, aurait eu quelque chose de blessant pour ceux qui lui sont opposés ; de conciliation, puisqu'il était naturel de croire que cet ajournement d'une année, refroidissant un peu les têtes, verrait s'élever une discussion plus calme, plus approfondie, sans passion ni colère, et qui, peut-être, aurait pour effet de ramener les opposans ou de faire changer d'avis aux partisans actuels de la mesure proposée. Mais encore faut-il qu'elle commence cette discussion qui doit nous éclairer. Jusqu'ici rien n'annonce qu'on songe à la reprendre, et du train qu'on y va, la question ne sera pas plus mûre dans un an qu'elle ne l'est aujourd'hui.

Commençons donc. Je me dévoue, M. le rédacteur, à donner le signal de la reprise, non pas des hostilités, mais d'une polémique qui, de ma part du moins, n'aura rien que de très-pacifique.

Chacun sait que notre conseil municipal, consulté sur ce point par qui de droit, a émis le vœu que les communes de la Guillotière, de la Croix-Rousse et de Vaise fussent réunies à la ville de Lyon. Entr'autres argumens développés par notre honorable rapporteur, M. T., il en est un qui m'a paru sans réplique, et je ne sache pas en effet qu'on ait essayé d'y répondre. Pas plus que M. T. je ne crois pas que Lyon puisse être mis ou maintenu dans l'impossibilité absolue, physique, matérielle de se développer et de s'étendre.

Qu'on me permette une supposition. Je supposerai donc qu'il y a 50 ou 60 années quelque mince village, d'abord hameau, ait surgi des marais de la presqu'île Perrache, élevant le modeste clocher de sa chapelle sur le terrain qu'occupe aujourd'hui la brasserie Groskopf ou la Rotonde; de même que la Guillotière, de même que la Croix-Rousse, de même que Vaise, ce village eût prospéré et se fût accru; car toute agglomération d'hommes qui se forme assez près d'une grande ville pour pouvoir l'exploiter concurremment avec ses habitans, et tout juste assez à distance pour ne pas participer à leurs charges, ne peut que prospérer et s'accroître. Ce lieu serait devenu successivement paroisse ou commune, bourg et peut-être ville, et aujourd'hui nous le verrions compléter le blocus, l'investissement de Lyon que bloquent, qu'investissent et qu'étreignent déjà de tous autres côtés St-Clair, Serin, la Croix-Rousse, Vaise et la Guillotière. C'est sciemment, et le voulant, que je me sers ici de l'expression d'*étreindre;* c'est l'expression propre. *Borner*, terme de géographie, ne rendrait nullement mon idée qui est de peindre une ville que resserre, que comprime un étau double, un étau croisé l'*étreignant* à la fois, c'est le mot, du nord au midi, de l'est à l'ouest.

Serait-il possible d'admettre que la seconde ville du

royaume se trouvât ainsi placée dans l'impossibilité absolue, physique, matérielle de se développer, de s'étendre, de croître ou plutôt d'achever sa croissance et d'atteindre par degrés à tout ce que son avenir pourrait lui réserver d'étendue, d'importance, de prospérité, de richesse et je dirai même de *beauté*, puisque avec du temps, de l'argent et de l'espace, il n'est rien qui ne se puisse faire. Mais il faut de l'*espace*, il en faut. Voulez-vous que dorénavent Lyon croisse uniquement en hauteur ? Ses maisons de six étages ne sont-elles pas assez hautes ? Les voulez-vous de 8, de 9, de 12 ? Ses rues sont-elles trop larges, trop propres, trop saines et trop accessibles aux rayons du soleil ? Ses promenades sont-elles trop spacieuses et trop multipliées ! Lyon à de beaux quais, c'est incontestable. En exigera-t-on le sacrifice ? Faudra-t-il rebâtir la *rue de la Pêcherie* et les maisons de *Bourgneuf?* Faudra-t-il de nouveau emprisonner le Rhône et la Saône entre deux lignes de maisons dont ils viendront avec dégoût et colère baigner les pieds et menacer les pilotis ? La place de *Bellecour* est la plus belle qui soit en France. trouvez-vous que ce soit un objet de luxe ? Faudra-t-il la mettre en adjudication à tant le pied carré, et la livrer aux entrepreneurs de rues qui en feront des *ruelles ?*

Je sais fort bien que cette 4.me commune dont je suppose l'existence n'existe point, que la presqu'île fait partie intégrante de Lyon qui peut s'y développer à son gré. Je ne puis le nier; mais cette commune, improvisée pour la commodité du discours et l'avantage de la thèse, il eût pu se faire qu'elle existât. Et si aujourd'hui elle existait en effet, il faudrait bien de toute nécessité que l'autorité compétente intervînt, prît en considération l'avenir de notre ville et en décidât. Lyon resserré, comprimé, étouffé ne pourrait gagner le large, le grand air et la plaine au moyen de ponts suspendus ou aériens à jeter sur les communes attenantes, bloquantes et investissantes ? Lyon, en cet état de choses invoquerait sa délivrance. *Libre de ses mouvemens d'un seul côté sur quatre*, ne peut-il pas l'invoquer encore ? *Toute la question est là.*

Que l'urgence ne soit plus la même, c'est possible; mais que la position ne soit plus fâcheuse, bizarre, extraordinaire, c'est ce que je nie. Oui, il y a encore là matière à intervenir. Car enfin, que Lyon puisse se prolonger ou s'*allonger* dans la presqu'île, que nous importe ? S'*allonger* n'est point synonyme de *croître*. Croître, c'est grandir en tous sens. Croître, c'est se développer à l'aise dans des proportions justes et bonnes. Lyon déjà beaucoup trop étroit pour sa longueur démesurée deviendrait tout-à-fait difforme et d'un séjour toujours plus incommode, si se prolongeant ou s'*allongeant* sans cesse il ne croissait à la fois dans toutes les directions que ne lui interdisent pas la nature et le côteau de *Fourvières*.

D'ailleurs, comme l'a dit notre honorable rapporteur, la destination de Perrache n'est plus à faire, elle est faite. C'est là que sera le Lyon des grandes entreprises industrielles, des grandes usines, de hautes cheminées à vapeur en façon d'obélisque, des forges, des fourneaux, des marteaux et des enclumes, des fabriques de produits chimiques, des abattoirs, des entrepôts de houille, des arsenaux, des polygones, des établissemens militaires de tout genre, de toute nature. Le commerce proprement dit, le magasin, la boutique et la banque n'y trouveront jamais leur place; le rentier pas davantage, et tout homme dont la fortune sera faite ou l'existence simplement assurée fuira Perrache, sa bruyante industrie et son atmosphère enfumée.

Ainsi donc *Perrache*, quelle que soit son utilité, et justement à cause de sa spécialité évidente, que rien ne pourra lui ravir, ne suffira point à l'avenir de la *seconde ville du royaume;* il ne peut lui suffire.

Repoussez la réunion, la seconde ville du royaume pourrait bien par la suite en devenir la troisième; Marseille, Bordeaux, Rouen, ne sont gênés par aucun voisinage dans leur développement et leur croissance. Pour peu que Lyon recule ou seulement qu'il s'arrête dans son accroissement, Marseille qui marche toujours l'aura bientôt devancé. Or, vous aurez certainement remarqué, M. le Rédacteur, qu'à Lyon on tient beaucoup à cette expression, à cette honorable et noble dénomination de *seconde ville du royaume;* c'est à qui l'emploiera et presque à tout propos : l'administrateur pour flatter la marotte de ses administrés, l'administré pour se faire valoir aux yeux de l'administrateur, M. le maire recevant aux portes de la ville son altesse royale, son altesse royale répondant à M. le maire, M. le préfet toutes fois et quantes il nous rappelle au bon ordre, etc.

Cette expression, retranchée du dictionnaire lyonnais, y laisserait un grand vide. C'est un début de proclamation, d'allocution, de réclamation et de pétition si ronflant et si commode, qu'il en est presque inséparable, inévitable. Oui, j'invoque à cet égard le témoignage de nos concitoyens de la Guillotière, de la Croix-Rousse, de Vaise. Partout ailleurs qu'en séance de conseil municipal, octroi, dette et budget réservés, ne sont-ils pas tous Lyonnais, fiers de leur qualité de Lyonnais, et voudront-ils que Lyon perde un jour, par l'effet de leur volonté, ce surnom qui le flatte et dont ils sont flattés eux-mêmes autant que lui de *seconde ville du royaume*.

On aurait tort, je crois, de ne voir que de l'enfantillage dans cette préoccupation sur l'avenir de Lyon *en tant que grande et très-grande ville*. Depuis que la religion du *progrès* est presque universellement professée, sans opposition ni conteste, on n'en est plus à n'envisager dans une grande ville qu'un vaste réceptacle de corruption, de misères et de vices. Ces idées à la *Jean-Jacques* ont fait leur temps et ne sont plus de saison. La grande ville n'est plus aujourd'hui, si je puis m'exprimer ainsi, qu'un grand foyer de *civilisation concentrée*. C'est de là que la civilisation s'échappe; c'est de là qu'elle s'introduit, se glisse et pénètre dans les populations environnantes ou qui ne sont pas hors de portée. Faute d'une grande ville et réduit à Bourges, le pays le plus central de la France, le *Berry* est à la fois le plus reculé et le plus obscur. Comment expliquer cette obscurité si ce n'est parce que cette province centrale manque elle-même de *centre* et n'a point de grande ville. L'Irlande n'a que Dublin, et l'on s'en aperçoit. La Basse-Bretagne que flanquent Nantes et Rennes est en dehors de l'action de ces deux villes et lui échappe. Aussi combien n'est-elle pas arriérée !

Rentrons dans la discussion dont nous nous sommes un peu écartés.

Deux votes tout-à-fait contraires ont eu lieu sur la question qui nous occupe. Si le conseil municipal de Lyon a voté pour la réunion, les communes de la Guillotière, de la Croix-Rousse et de Vaise ont voté contre ; sur quels motifs sont fondées des délibérations si opposées ?

Lyon avance que la mesure lui sera avantageuse sans nuire aux communes sururbaines; les communes s'appuient sur ce que la réunion toute favorable à Lyon leur porterait préjudice ; c'est-à-dire que Lyon, la Guillotière, la Croix-Rousse et Vaise sont d'accord sur ce point que la réunion est dans l'intérêt de Lyon, dans l'intérêt de 140 mille ames ; de 140.000 ames sur 180,000! Sur ce point il y a *unanimité*, et je pense que le conseil-général devra le prendre en considération. Sur la seconde assertion que la réunion serait préjudiciable aux trois communes *extrà-muros*, l'unanimité cesse ; il y a dissidence : Lyon dit *non*, les trois communes disent *oui*.

Mais, dira-t-on, nous croyons ne compromettre en rien notre cause, en avouant que la mesure serait avantageuse à 140,000 ames sur 180,000 ; car elle serait injuste, elle serait inique, et la morale n'admet point qu'une chose puisse être justifiée par cela seul qu'elle est matériellement profitable au plus grand nombre. D'accord ; mais prouvez qu'elle est injuste, prouvez qu'elle est inique ? Il ne suffit pas pour cela d'établir que quelques intérêts d'un ordre secondaire puissent être momentanément froissés par elle. Connaît-on beaucoup de mesures administratives de quelque importance, qui soient franches et nettes de tout inconvénient quelconque ? Si St-Etienne devient le chef-lieu de la Loire, comme c'est probable ; si Vienne, distrait de l'Isère, est appelé à faire partie du département du Rhône, aucun intérêt n'en souffrira-t-il ? Il a été souvent question de l'adjonction des communes de *Villeurbanne* et des *Charpennes* au canton de la *Guillotière*. La Guillotière se croirait-elle tenue à voter *contre* par le seul motif que les Charpennes et Villeurbanne n'auraient pas voté *pour*.

Tout changement de cette nature entraîne avec lui des habitudes à rompre, des habitudes à former. Toute réunion ou séparation de commune n'obtiendra jamais l'assentiment de tous. La loi municipale, récemment promulguée, a si bien prévu l'opposition que doit faire naître toute innovation du genre de celle dont il s'agit, que tout en exigeant que les communes intéressées fussent consultées, de même que le conseil d'arrondissement, de même que le conseil-général de département, elle n'a point fait de leur acquiescement une condition indispensable et nécessaire. Elle a dû prévoir et a prévu le cas où des répugnances peu fondées, des préventions conçues trop légèrement et même des intérêts particuliers véritablement froissés dicteraient aux communes un vote contraire à l'intérêt le plus général, et conséquemment à l'intérêt le mieux entendu du pays.

M. le ministre de l'intérieur quel que soit le vote est autorisé à passer outre, et à présenter une ordonnance à la signature royale. Dira-t-on qu'il a reçu de la loi l'autorisation de consacrer une injustice, une iniquité ? Nullement, la loi suppose que ; dans la position élevée où se trouve placé M. le ministre, il domine la question, la voit d'en haut et peut mieux que personne la juger dans son ensemble et la résoudre au profit du plus grand nombre des administrés, au profit du pays.

Le législateur a dû se tenir en garde contre l'opposition des intérêts d'un ordre secondaire, quelquefois d'autant plus tenaces qu'ils sont plus minimes. C'est cette considération, c'est la nécessité bien reconnue et constatée par tant d'exemples de protéger les intérêts généraux contre la tenacité des intérêts personnels et secondaires qui vient de dicter aux chambres la nouvelle loi sur l'expropriation pour cause d'utilité publique; laquelle loi a pour objet de rendre enfin praticables ces grandes entreprises industrielles qui de tous côtés surgissent ou voudraient surgir, et qui toutes ont l'inconvénient inévitable d'alarmer quelques intérêts en en favorisant d'autres d'une importance plus grande et plus générale. De ces entreprises il n'en est pas une qui n'ait son mauvais côté *ou qui ne l'ait eu* si déjà elle date de loin. Ce beau canal du *Languedoc* ou des *deux mers*, cette glorieuse création de Louis XIV alarma bien des intérêts et provoqua bien des plaintes dans un temps où l'on ne se plaignait guère. Le canal de *Givors* lui-même qui s'efface aujourd'hui et que nous voyons jouer le triste rôle de victime après avoir fait tant de bruit, excité tant d'envie et réparti de si beaux dividendes; le canal de Givors lui-même a fait du mal, lequel ? à qui ? Je n'en sais rien ni vous non plus. Vous et moi l'avons oublié. Vous oublierez de même celui qu'aura fait la réunion des communes. Tout *chemin de fer* a ses inconvéniens et l'on ne rêve que chemins de fer ! Celui de Marseille au Hâvre vient d'être *mis à l'étude* (tout comme le serait un opéra nouveau) en attendant qu'on y mette celui de Strasbourg à Bayonne qui le croiserait à Bourges, point central du royaume. La *vapeur* sillonne le Rhône et la Saône à la barbe des coches, des trains de remonte, des maîtres de postes et des diligences. Vienne le chemin de fer de Marseille à Paris, passant par Lyon, et le bateau à vapeur lui-même sera devancé, débusqué et pâtira.

Partout je vois des intérêts qui ont souffert, qui souffrent, ou qui souffriront, mais sans que dans tout cela il y ait injustice et iniquité. Je ne sache point qu'ils aient invoqué le principe des *droits acquis*. On pourrait m'opposer à Lyon l'exemple du *Palais-de-Justice*. Là, les droits acquis ont été mis en avant et l'ont été avec succès. L'*Ouest* conservera son Palais-de-Justice, il a gagné sa cause ; sans doute il devait la gagner, nous devons le supposer. Pour qui ne l'a pas étudiée les probabilités sont toutes pour la cause qui a triomphé et ce n'est pas au moment où je viens heurter trois communes *extrà-muros*, que j'irai soulever contre moi, tout un quartier de la ville. La cause était donc excellente, mais enfin dans le quartier de l'Ouest comme partout ailleurs, ne s'en gagna-t-il jamais de mauvaise ? Un exemple isolé ne prouve rien.

Les communes suburbaines s'effraient de notre *octroi*. Le conseil municipal a été au-devant de leurs craintes et demande qu'un tarif moins élevé que le nôtre leur soit garanti. Les communes qui n'ont point de *dettes*, s'alarment de la nôtre, dont elles craindraient d'avoir tôt ou tard à partager le fardeau. Je ne doute point que des garanties ne puissent leur être données à cet égard ; mais enfin pourquoi n'ont-elles pas de dettes ? Ne serait-ce pas tout simplement par la raison qu'elles n'ont point encore exécuté ou terminé ces grands travaux d'utilité publique qui d'ordinaire endettent les villes ? Ne serait-ce pas parce qu'il leur reste à faire des remblais, des pavés, des rigoles, des égoûts, des fontaines, des pompes à incendie, des réverbères, des endiguemens et des quais ? La *Croix-Rousse* pourra-t-elle se passer d'une machine hydraulique, les *Brotteaux* d'une église et la *Guillotiere* d'un Hôtel-de-Ville ou tout au moins d'une maison commune, à moins qu'elle ne préfère commencer par un hôpital ?

Que les communes aient à supporter une portion de notre dette, *ou à s'en créer une*, où donc est la différence ?

La ville de Lyon se chargeant des travaux à faire dans les communes et celles-ci d'une portion correspondante de la dette lyonnaise, qu'y aurait-il donc là d'injuste et d'inique ? Il me semble qu'on conçoit à merveille que cette espèce de compensation puisse se faire, et se faire de la manière la plus loyale, sans blesser les intérêts de personne.

Il est rare qu'une position tout-à fait à part et spéciale

ne voie pas s'établir quelque balance entre les avantages qu'elle présente et les charges qui s'en suivent. Paris paie en surcroît d'impôts et surtout de dépenses une partie des bénéfices de la *centralisation* et de l'immense développement industriel qui en résulte. Lyon, Marseille, Bordeaux, d'une centralisation moindre et plus restreinte, la paient aussi d'une manière analogue et relative. La proximité d'une grande ville crée des communes attenantes qui, comme de véritables rejetons sortis de la même souche, lui doivent l'existence et le degré de bien-être qu'elles ont acquis. Que cette proximité, que cette contiguité, que cette attenance entraîne tôt ou tard avec elle quelques obligations auxquelles on préférerait pouvoir se soustraire, il est difficile qu'il en soit autrement. Une construction nouvelle jouit durant un certain nombre d'années de l'exemption du droit foncier, puis elle rentre dans la loi commune. On pourrait, ce me semble, tirer de là quelque rapprochement, quelque induction applicable à la question.

Je m'arrête, M. le rédacteur, je ne crois pas qu'il soit nécessaire de rien ajouter à ce qu'a dit notre honorable rapporteur de l'immense avantage de la réunion sous le rapport essentiel d'une *bonne police*. Ce besoin de concentration est si généralement admis que bon nombre d'opposans à la mesure, revenant aux erremens de l'empire, ne seraient pas éloignés d'invoquer une *lieutenance-générale*. Que la police en fût plus mal faite, je ne le crois pas ; je pense même qu'elle ne pourrait qu'y gagner. Mais enfin cette police probablement plus sévère, plus tracassière et plus forte, cette police aux mains d'un homme tout spécial, arrivant de Paris, sorti des bureaux de la police générale et ne voyant rien d'aussi beau dans le monde qu'une police bien faite, ne tarderait pas beaucoup, je crois, récalcitrans et chatouilleux que nous sommes, à nous paraître importune et pesante, nous regretterions bien vîte l'action plus douce et paternelle de notre concitoyen de notre maire.

Avec la réunion, nul besoin d'une *lieutenance-générale de police*.

Agréez, etc. M. B. Gros.

www.ingramcontent.com/pod-product-compliance
Lightning Source LLC
LaVergne TN
LVHW012022170826
845678LV00004BA/1601
9782329622477